AF313858

HOMELIE XXIV.

POUR
LE JEUDY
DE
LA SECONDE SEMAINE
DE CARÊME
SUR LE MAUVAIS RICHE.

Par M. le Curé de S. Sulpice de Paris.

A PARIS;

Chez RAYMOND MAZIERES, ruë S. Jacques, prés la ruë
de la Parcheminerie à la Providence.

M. DCC VIII.

AVEC APPROBATION ET PRIVILEGE DU ROY.

TEXTE
DU SAINT EVANGILE
SELON SAINT LUC.

EN ce temps-là, Jesus dit à ses Disciples :
Il y avoit un certain Homme Riche qui
étoit vêtu de pourpre & de lin, & qui
tous les jours faisoit une chere magnifique. Et
& il y avoit aussi un pauvre mandiant nommé
Lazare, qui étoit gisant à sa porte, plein d'ulceres, desirant de pouvoir être repû des miettes qui
tomboient de la table du Riche, & personne ne
luy en donnoit : & les chiens venoient luy lêcher ses playes : Or il arriva que ce pauvre Mandiant mourut, & qu'il fut porté par les Anges
dans le sein d'Abraham. Le Riche mourut aussi,
& fut enseveli dans l'Enfer : & levant les yeux
lorsqu'il étoit dans les tourmens, il vit de loin
Abraham, & Lazare dans son sein : Et s'écriant, il
dit : Pere Abraham, ayez pitié de moy, & envoyez-

X xxxxx ij

4

moy Lazare , afin qu'il trempe le bout de fon
doigt dans l'eau, pour me rafraîchir la langue ,
parce que je grille dans cette flamme : Mais
Abraham luy répondit:Mon fils, fouvenez-vous
que vous avez reçu les biens dans vôtre vie, & le
Lazare au contraire des maux , & maintenant il
eft confolé , & vous étes tourmenté : de plus il
y a un grand cahos entre vous & nous, en forte
que ceux qui voudroient paffer d'icy vers vous
ne le peuvent pas, non plus que paffer à nous du
lieu où vous étes : & le Riche luy répliqua : Je
vous prie donc,Pere Abraham, de l'envoyer dans
la maifon de mon pere ; car j'y ay cinq freres, afin
qu'il leur attefte ces chofes , de peur qu'ils ne
viennent auffi eux-mêmes dans ce lieu de tourmens. Et Abraham luy repartit : *Ils ont Moy-*
fe & les Prophetes, qu'ils les écoutent. Non ,
dit-il, Pere Abraham , mais fi quelqu'un des
morts les va trouver, ils feront penitence : Abraham luy repartit : S'ils n'écoutent ny Moyfe ,
ny les Prophetes, ils ne croiront pas non plus,
quand quelqu'un des morts reffufciteroit.
Luc. Cap. 16. *v.* 19.

HOMELIE VINGT-QUATRIÉME
SUR
LE MAUVAIS RICHE.

L paroiſt aſſez inutile, mes tres-chers freres, d'examiner avec vous ſi c'eſt icy une Hiſtoire, ou une Parabole, puiſque l'une ou l'autre proferée par la bouche de la verité même, nous eſt également une image effrayante, & certaine, de ce qui s'eſt paſſé, & de ce qui ſe paſſe dans un lieu, d'où nous ne pouvons rien ſçavoir, que ce qu'il a plû au Seigneur de nous en reveler ; c'eſt pourquoy dans une matiere de cette importance, & pour ne donner rien aux inventions de l'eſprit humain, nous nous renfermerons uniquement dans ce que l'Ecriture nous en apprend: on peut neanmoins dire avec les Peres les plus anciens, & les plus éclairez, que ce n'eſt point icy une

X xxxxx iij

Parabole, mais un fait arrivé dans toutes ſes circonſtances.

1°. Parce que le Sauveur ne l'appelle point une parabole, ainſi qu'il faiſoit ordinairement quand il en
propoſoit quelqu'une. 2°. Le nom propre des perſonnes y eſt exprimé, ce qui n'arrive pas dans le langage
figuré. 3°. L'Egliſe honore de tout temps la memoire
de ce bien-heureux pauvre, & on a élevé des Temples
ſous ſon invocation, ce n'eſt donc pas un perſonnage
feint. 4°. Que ſi le nom du Riche ne ſe lit pas, c'eſt ap-
paremment par mépris, dit ſaint Gregoire, rien n'é-
tant eſtimable devant Dieu que la vertu , ny mépri-
ſable que le vice : *Quid eſt ergo quòd nomen pauperis dicit,*
& nomen divitis non dicit? niſi quòd Dominus humiles no-
vit, & ſuperbos ignorat. Le monde ſçavoit bien le nom
du Riche, parce que c'étoit un homme diſtingué du
commun : mais il ignoroit le nom du Pauvre, & ne
pouvoit le déſigner autrement , qu'en diſant que
c'étoit un certain homme : *Certè in populo plus ſolent*
nomina divitum quàm pauperum ſciri. Cependant le Seigneur qui juge bien autrement des choſes que nous,
dit que le pauvre ſe nommoit Lazare, nom qu'il a
voulu rendre reſpectable à tous les ſiecles : & parlant
du Riche , il dit que c'étoit un certain homme. *Ait*
ergo de divite : homo quidam. Ait de paupere : egenus nomine
Lazarus.

En ſecond lieu, le nom du Riche eſt poſſible icy
ſupprimé par un eſprit de charité, pour ne pas diffa-
mer ſa memoire ; ou enfin par un effet de la juſtice
de Dieu, qui veut que le nom des reprouvez ſoit mis

en oubli : *Nomen eorum deleſti in æternum , & in ſæculum* Pſ. 9. 6. *ſæculi* : Et qu'au contraire , le nom des juſtes ſoit cele-bré dans les ſiecles des ſiecles : *nomina autem eorum vivent* Pſ. 71. 14. *in ſæculum ſæculi.* 5°. Ce recit porte avec ſoy un ſi vif ca-ractere de realité , & de verité , que la ſeule lecture a converti un nombre infini de pécheurs , grace qui n'eſt guere attachée qu'à un fait réel, & veritable. Si bien qu'il faut regarder cecy comme une hiſtoire certainement, & même recemment arrivée lorſque le Sauveur la raconta.

II°. L'Ecriture ne donne rien à connoître de celuy dont elle ſupprime le nom, & elle n'en dit autre choſe, ſinon que c'étoit un homme riche ; qualité d'un aſſez mauvais augure pour le ſalut : Car c'eſt un proverbe commun, rapporté par ſaint Jerôme, qu'un homme riche eſt ſouvent, ou un méchant homme, ou l'he-ritier d'un méchant homme : *Omnis dives, aut iniquus, aut iniqui hæres.* Auſſi le Sauveur appelle-t-il l'amas des richeſſes, un treſor d'iniquité, *mammona iniquitatis ;* tant à cauſe qu'elles ne s'acquierent ordinairement que par des voyes injuſtes, qu'à cauſe qu'elles ſont poſſedées par des gens qui ne les meritent pas, & qui s'en ſervent mal : Tel fut le Riche d'aujourd'huy : tout fut ſplendide en ſa perſonne, il aima les beaux habits, & la propreté, juſqu'à ne ſe révêtir, à l'imita-tion des Princes & des Roys, que de pourpre , de fin lin, & de ſoye, flatant également ainſi ſon faſte, & ſa moleſſe : *Induebatur purpurâ & byſſo.* Car, com-me dit ſaint Auguſtin, *purpura & byſſus dignitas regis eſt.* L. 2. 44. Evan. 43? Sa table fut toûjours ſomptueuſement ſervie, l'abondance & la délicateſſe y parurent à l'envi : les parfums n'y donnerent pas moins de plaiſir à l'odorat que les viandes au goût : les vins exquis, & les liqueurs délicieuſes s'y burent à l'excés, comme il parut par cette ſoif ardente qui devoit en être la juſte punition, auſſi bien que des paroles impures, libertines, médiſantes qu'il avoit proferées, comme c'eſt l'ordinaire dans ces ſortes de repas où regne la diſſolution, ainſ. que dit S. Gregoire, & qui meritoient que ſa langue fût affligée. *Sed quia abundare in conviviis loquacitas ſolet : is qui malè hîc convivatus dicitur, apud infernum grâviùs in lingua ardere perhibetur.* La ſymphonie, compagne inſeparable de la bonne chere, & les repreſentations ſi communes, ſur tout en ces temps-là, n'y furent pas oubliées : toutes choſes que le texté ſacré renferme en un mot, diſant, que chaque repas de cet homme Riche, étoit un magnifique feſtin : *Epulabatur quotidiè ſplendidè.* La longueur du temps qu'on étoit à table ſatisfaiſoit pleinement l'intemperance ; les bons mots en faiſoient l'agrément ; & l'impieté, ſuite funeſte & ordinaire de la vie ſenſuelle, y domina juſqu'à un point, qu'il demanda qu'un mort reſſuſcitât pour aller prêcher aux incredules de ce monde, les veritez de l'autre : *Rogo ut mittas in domum patris mei :* En quoy ſon crime paroît d'autant plus inexcuſable, qu'il étoit Iſraëlite de nation, né & élevé dans la vraye Religion, comme il parut par ſon entretien avec Abraham : Il eſt ſans doute qu'il ne manqua pas d'adulateurs & de perſonnes complaiſantes & ſerviles, qui flaterent ſes paſſions, & qui louërent ſon luxe, & ſa prodigalité:

car

car tel eſt le ſort des riches : *hic mihi*, dit ſaint Chryſoſtome , *conſidera menſas argento circumtectas , lectos , ta-
petia , ornamenta , unguenta , aromata , vini meri copiam ,
eduliorum varietatem , ciborum delicias : coquos , adulatores ,
ſtipatores , paraſitos , famulos , mancipiorum greges ; arte mo-
dulata cantiones animi conſtantiam labefactantes , &c.* Sa fa-
mille fut nombreuſe , & unie ; il prévit , & il gemit de
ce que cinq freres qu'il avoit eu pour imitateurs de ſes
déreglémens , & qui demeuroient paiſiblement enſem-
ble dans ſa maiſon paternelle , deviendroient les compagnons de ſon ſupplice, *habeo quinque fratres in domo patris mei : ut non veniant , in hunc locum :* ſa ſanté ne fut
point alterée par ces excés , quoique journaliers , *epulabatur quotidiè :* Il eut des maiſons de plaiſance , des
meubles precieux , de grands équipages , une foule
d'officiers & de domeſtiques ; car une telle vie exige
& ſuppoſe toutes ces choſes , & ne peut s'entretenir
autrement , ajoûte ſaint Chryſoſtome : *Quòd ille nulla
doloris materia , nulla ægritudo , nulla rerum mundanarum
proſperitatum interruptio evenerit, Lucas aperuit dicens , epulabatur & gaudebat quotidiè :* En un mot il jouït de tous
les biens temporels qui peuvent rendre la vie délicieu-
ſe & douce ſur la terre , comme il parut par ce reproche qu'on luy fit, *recepiſti bona in vita tua.* La for-
tune ſi inconſtante aux autres , luy fut toûjours également favorable : L'or , l'argent , l'autorité , le credit,
rien ne luy manqua de ce qu'on voit ordinairement
dans la maiſon d'un Seigneur opulent , & voluptueux:
Sa vie même fut longue , & le Lazare mourut avant
luy : Il vêcut toûjours dans la ſplendeur , & il mou-

Y yyyyy

Ort. 3.

fut riche, *mortuus eft dives*, laiffant de grands biens à fes heritiers. Il joüit des honneurs de la fepulture, tels qu'on les rendoit aux gens de fa qualité : il fut regretté, & tres-apparemment les Oraifons funebres, & les Epitaphes celebrerent fa memoire & ornerent fon Tombeau.

Mais tandis qu'on enfeveliffoit fon corps dans la pompe, on enfeveliffoit fon ame dans l'enfer, *fepultus eft in inferno*. Expreffion qui marque un homme abîmé dans ce goufre profond : Pour lors ce Riche qui n'avoit jufqu'à ce moment regardé que la terre, commença de lever les yeux au Ciel ; mais helas, il ne les y leva que quand il l'eût perdu ! *Elevans aûtem oculos fuos*. Il n'eut recours à Dieu que quand il fe vit dans les tourmens : *Cùm effet in tormentis*. Il ne fe reconnut fils d'Abraham, que quand il ne l'eut plus pour pere, *vidit Abraham à longè*. Il n'implora la mifericorde divine que quand il ne fut plus en état de la recevoir : *Et ipfe clamans dixit* : Il ne fupplia point qu'on eût pitié de luy, que quand il ne put plus avoir pitié des autres : *miferere mei* : il n'eut des fentimens de penitence que quand elle luy fut infructueufe, *crucior in hac flamma*. Devenu mandiant à fon tour, il fe vit reduit à demander un peu d'eau à celuy auquel il avoit refufé un peu de pain : *Mitte Lazarum ut intingat extremum digiti fui in aquam, ut refrigeret linguam meam*. La vuë du Riche joüiffant des plaifirs avoit fervi à augmenter les fouffrances du pauvre Lazare couché à la porte du Riche ; & maintenant la vuë du Lazare joüiffant du repos des Saints fert à augmenter les tourmens du

Riche enseveli dans les enfers. Il conserva dans sa misere des airs d'hauteur, & des sentimens d'interêt, voulant qu'on envoyât le Lazare, & qu'on l'envoyât uniquement pour le délivrer des peines, & en preserver ses parens, de qui le supplice devoit augmenter le sien : Car comme la joye des Bien-heureux dans le Ciel, s'accroît quand ils voyent ceux qu'ils ont aimé saintement sur la terre, entrer avec eux dans la participation de leur bonheur, dit saint Gregoire: les réprouvez aucontraire sentent redoubler leurs peines dans les enfers, lorsqu'ils voyent ceux qu'ils ont aimez criminellement sur la terre, condamnez aux mêmes supplices qu'ils souffrent ; parce qu'ils se sentent ainsi doublement affligez, & par leurs propres tourmens, & par ceux des autres : *Ut & boni ampliùs gaudeant qui secum eos lætari conspiciunt quos amaverunt, & mali dum cum eis torquentur quos in hoc mundo despecto Deo dilexerunt, eos non solùm sua, sed etiam eorum pœna consumat.* Le Mauvais Riche se voyoit donc reduit à mandier dans l'enfer la compassion du Lazare, luy qui n'en avoit jamais eu du Lazare sur la terre, & à vouloir qu'il allât prêcher la penitence à ses freres, devenant ainsi misericordieux, mais trop tard, dit saint Augustin : *Voluit subveniri fratribus suis serò misericors.* Ne songeant pas d'ailleurs que celuy-là ne convertiroit pas par ses paroles, ceux qu'il n'avoit pû toucher par ses exemples, & qu'il ne faloit pas preferer les prodiges à la Foy, & la predication d'un mort ressuscité à l'autorité de Moyse & des Prophetes. *Rogo ergo te pater ut mittas cum : habeo quinque fratres, ut testetur illis, ne & ipsi veniant*

Dialo.4.33.

Ho. 40.

Hom. 120. de Temp.

Y yyyyy ij

in hunc locum tormentorum. Pretention dont Abraham luy fit voir la vanité, luy difant, que fi fes freres n'écou‑ toient point la Loy & les Prophetes, ils écouteroient encore moins un mort qui viendroit leur attefter les tourmens qu'on fouffre dans l'enfer, *fi Moyfen & Pro‑ phetas non audiunt, neque fi quis ex mortuis refurrexerit credent.* Ce que faint Chryfoftome prouve par l'exemple de ceux que Jefus-Chrift reffufcita, qui revenus de l'au‑ tre monde ne dompterent pas l'incredulité des Juifs: *Idque verum effe quòd qui non audit fcripturas, neque ex mor‑ tuis excitatos auditurus fit declararunt Judæi, qui quoniam Moyfen ac Prophetas non audierant, neque cùm mortuos vi‑ diffent excitatos crediderunt:* Car, continuë ce Pere, les pa‑ roles de l'Ecriture font d'autant plus dignes d'être crûës, qu'elles font les paroles de Dieu même, & que celles d'un reffufcité, outre le peril de l'illufion, ne feroient aprés tout, que les paroles d'un homme, qui n'étant que le ferviteur, feroit moins digne de creance que le maître : *Ut verò & aliunde cognofcas, quòd gravior fit fcripturarum ac Prophetarum doctrina, quàm fi qui à mortuis reffufcitati renuntient : illud confidera, quòd quifquis mortuus eft, fervus eft, quæ verò fcripturæ loquuntur, locutus eft Dominus : proinde etiam fi mortuus revivifcat, etiam fi Angelus è Cœlo defcendat, maximè omnium credendum eft fcripturis, nam Angelorum herus, mortuorum pariter ac viven‑ tium Dominus ipfe eas condidit.* Voilà le portrait du Mau‑ vais Riche felon l'Evangile, en voicy un bien different.

C'eft celuy de Lazare, le plus pauvre & le plus mal‑ heureux des hommes: c'étoit un mandiant, *mendicus,* mais homme de bien, comme fa patience pendant fa

vie , & fa recompenfe à la mort , le font affez connoître , dit faint Chryfoftome : *nam & Lazarum fuiffe
juftum duobus argumentis declaratum eft : tum exitu vitæ , tum
ipfâ hominis in paupertate tolerantiâ.* Mais outre la pauvreté, la maladie l'affligeoit encore , & cette double tribulation, abbatoit entierement fes forces; car nous voyons
à la verité des hommes affligez par la pauvreté , mais
nous les voyons joüiffans d'une fanté parfaite : nous
en voyons de malades , mais ils ont dequoy fe faire
foulager : *Multi frequenter laborant adverfâ valetudine ,*
continuë le même Pere, *cæterùm non egent : alii pauper-
tati funt obnoxii , verùm potiuntur bonâ valetudine :* Mais
Lazare avoit ces deux afflictions enfemble : il n'avoit
pour lit que la terre , pour toit que le Ciel , pour che-
vet que le pavé public , *jacebat ad januam*; pour habit
que de vieux haillons déchirez & entrouverts, qui don-
noient lieu aux chiens plus humains que leur maître,
de venir lêcher les ulceres de fon corps à demi nud ;
veniebant canes , & lingebant ulcera ejus. Dépourvû de force & de vigueur par l'inanition & la maladie, il étoit
couché fur la terre , ne pouvant fe tenir débout, *jacebat*, mourant de faim jufqu'à defirer de fe raffafier
des miettes qui tomboient de la table du Riche, lef-
quelles euffent été pour luy un feftin , quoy que le pain
fec foit fi dégoûtant aux malades ; fans neanmoins
que perfonne luy en donnât, les domeftiques imitant
la dureté du maître : *Cupiens faturari de micis quæ cadebant
de menfa divitis , & nemo illi dabat.* Quel exercice pour
la patience & la foy de ce jufte affligé , de voir de fes
yeux un méchant homme dans l'abondance & la prof-

perité, tandis qu'il periſſoit de miſere à ſa porte ! *ad ja-*
nuam ejus ! Si bien que le Lazare ſouffroit & interieure-
ment, & exterieurement, étant exercé par les peines
de l'eſprit, & par les douleurs du corps. C'eſt ce qu'ob-
ſerve ſaint Chryſoſtome : *ad hæc aliam doloris acceſſionem*
adjungebat, quòd alterum illum in felicitate conſpiciebat, non
quòd invidus eſſet, ſed quòd omnes ſolent in aliorum proſpe-
ritate exactiùs ſuas perſentire calamitates. Perpendens etiam
quòd dives vitam ducens inhumanam erga pauperem, proſpe-
raretur : ipſe verò virtutem ac modeſtiam amplexus, extremâ
pateretur mala, quod inconſolabilem animi moleſtiam ei parie-
bat. Saint Gregoire fait la même remarque : d'un côté, dit ce Pere, le Riche auroit eu peut-être quelque
eſpece d'excuſe, ſi le pauvre Lazare n'eût pas été couché devant ſa porte, & ſi ſa miſere n'eût pas ſans
ceſſe frappé ſes yeux : *Habuiſſet enim fortaſſe aliquam ex-*
cuſationem dives, ſi Lazarus pauper & ulceroſus ante ejus ja-
nuam non jacuiſſet, ſi remotus fuiſſet, ſi ejus inopia non eſſet
oculis importuna. D'autre part le pauvre eût été moins
ſenſible à ſes maux, s'il n'eût pas vû continuellement
de ſes yeux les delices du Riche, *rurſum ſi longè eſſet ab*
oculis ulceroſi pauperis, minorem toleraſſet in animo tentatio-
nem pauper : Mais la providence diſpoſa de leur ſort autrement, elle voulut que le Riche voyant ſans com-
paſſion la miſere du pauvre, mît le comble à ſa meſu-
re, & que le pauvre voyant ſans envie la proſperité du
riche, mît le comble à ſa foy ; *ſed dùm egenum & ulcera-*
tum ante januam divitis & deliciis affluentis poſuit, in una
eademque re, & ex viſione pauperis non miſerentis, diviti
cumulum damnationis intulit ; & rurſum ex viſione divitis

tentatum quotidiè pauperem probavit : Car de quels flots de tentations le cœur du pauvre ne fut-il pas agité , se voyant sans pain dans sa faim, & sans remede dans son mal, tandis qu'il voyoit le Riche en santé, joüissant des biens & des plaisirs ? *quantas namque hunc egenum & vulneribus obsessum tentationes creditis in sua cogitatione tolerasse , cùm ipse egeret pane , & non haberet etiam sanitatem ? atque ante se divitem cerneret salutem & divitias habere cum voluptate.* Il se voyoit n'avoir rien , & le Riche posseder tout : se donner tout, & luy refuser tout, *se dolore & frigore affici, illum gaudere conspiceret, bysso & purpurâ vestiri : se deprimi vulneribus : illum affluere acceptis rebus : se egere , illum nolle largiri.* Combien donc fut grande la tentation de ce pauvre affligé , pressé tout à la fois, par la maladie, par la pauvreté & par la vuë d'un méchant homme heureux : une seule de ces trois choses pouvoit-ébranler un cœur bien affermi, que ne devoit pas faire l'effort de ces trois tentations, unies ensemble pour le renverser ?

Le Seigneur exerçoit donc en cette occasion deux jugemens bien differens, *qua de re una Dominus duo judicia explevit.* Car le Mauvais Riche auroit été moins coupable, si le pauvre Lazare n'eût pas été continuellement à sa porte & exposé sans cesse à ses yeux ; & le Lazare n'eût pas eu une patience si heroïque , si pendant qu'il souffroit la faim & la maladie, il n'eût vû aussi de ses yeux un aussi méchant homme dans l'abondance, & les plaisirs : de cette façon Dieu vouloit que la dureté du Riche fût utile au Lazare , en perfectionnant sa vertu ; & que la misere de Lazare fût utile au

Riche en l'excitant à la charité, quoyque par un effet
de sa mauvaise disposition, elle ne servît qu'à sa condamnation : *Ex una ergo re omnipotens Deus duo judicia
exhibuit , dum Lazarum pauperem ante januam divitis jacere
permisit , ut & dives impius damnationis sibi augeret ultionem ,
& tentatus pauper cresceret ad multiplicationem.* Celuy-cy
par sa dureté combloit la mesure de ses pechez , & le
Lazare par ses douleurs ajoutoit de nouveaux degrez
à son merite : cependant la famine le faisoit plus souffrir que ses playes , quelque grandes qu'elles fussent ,
puisqu'il souhaittoit des alimens préferablement aux
médicamens : *Cupiebat implere ventrem suum.* Surquoy
saint Chrysostome observe que la misere du Lazare
quoy qu'extrême , ne le rendoit point importun ,
puisque encore qu'il desirât des miettes de pain , *cupiebat implere ventrem* , il n'est point écrit qu'il en de-
mandât , son desir marquoit son indigence , & son
silence faisoit voir sa patience : mais si la langue du
pauvre se tait , dit Saint Augustin , la pâleur de son
visage parle , *Si tacet lingua, loquitur pallor in facie* , & les
playes du Lazare étoient plus éloquentes , que ne l'eussent été ses cris , dit saint Chrysostome : *ipsa quoque fa-
cies ejus miserabilis utpote fame diuturna que valetudine con-
fecta.* Outre que nous ne devons pas seulement tenir
nos oreilles ouvertes aux cris du pauvre , ajoute saint
Ambroise, nous devons de plus ouvrir les yeux sur

Luc 2. Off.
c. 16. ses miseres : *Non solùm aures prabere debemus audiendis pre-
cantium vocibus , sed etiam oculos considerandis necessitatibus.*
Et le corps du Lazare le méritoit d'autant plus , qu'il
étoit si couvert d'ulceres & si attenué par la faim &
la

la douleur, qu'il n'avoit pas la force de menacer, &
encore moins de chasser les chiens qui venoient se
nourrir du pus qui découloit de ses ulceres : *Adeò erat
fractis viribus , ut ne canes quidem valebat abigere accurrentes:*
Telle étoit la compagnie & les visites qu'il recevoit au
défaut de celles des hommes, de leurs consolations,
& de leurs services : il étoit seul de mandiant à cette
porte, *mendicus* : il n'y voyoit aucun autre pauvre, aucun autre Lazare comme luy , tres-certainement parce qu'on n'y faisoit jamais la charité : *Ista res declarat ,
quòd non hujus solùm, qui jacebat in vestibulo , verùm nec al-
terius cujusquam ille misertus est; si enim, &c.* c'est saintChry-
sostome dont voicy encore les paroles remarquables :
*Molestias illas tristiores reddebat , quod ab illis qui adsistere
debebant, erat desertus , quia nec poterat alterum videre Lazarum : nam malorum nostrorum reperire consortes multum af-
fert solatii lugentibus , ille verò neminem alium habebat ad
quem respiceret eadem cum illo passum.* Et cette desertion,
ou privation de tout commerce humain , même des
autres miserables, qui luy eussent donné quelque es-
pece de soulagement, augmentoit son ennuy, se trou-
vant dans une triste solitude : au milieu d'un monde
infini qui continuellement abordoit en foule dans cette
maison de joye : *In medio tam multorum jacens ebrietati in-
dulgentium, suaviter viventium…. Adeo erat tota divitis deliciis occupata familia : qualis illi mœror cùm videret parasitos,
adulatores, famulos ascendentes, descendentes, egredientes , ingre-
dientes , circumcursantes , tumultuantes, &c. Quasi propter hoc
venisset, ut esset alienorum bonorum testis, juxta fontem molestis-
sima siti discruciatus.* La foiblesse l'empêchoit de chan-

Z zzzzz

ger de lieu, & d'aller dans les places publiques, ou du
moins il eût pû jouïr de la diverfité des objets, du
changement d'air, & peut-être toucher quelqu'un de
compaffion : *Mifericordiâ flexis fublevari poterat in pu-
blicum projectus.* Mais l'inhumanité des domeftiques de
ce maître impitoyable, ne pouvoit luy faire efperer
qu'ils le tranfportaffent charitablement ailleurs ; il
étoit immobile à cette porte où nul ne venoit luy parler, le vifiter, le confoler, le fortifier : ny parent,
ny ami : *Nullus erat qui dictis confolaretur, nullus qui factis,
non amicus, non vicinus, non cognatus :* l'oferoit-on dire,
ny Miniftre du Seigneur. *Jacebat ad januam :* tant les
délices occupoient là tout le monde, *& nemo illi dabat.* Peut-on voir une plus grande calamité ? ce qui fait
dire à faint Chryfoftome, que le Mauvais Riche
voyant tous les jours de fes yeux le Lazare feul & uni-
que pauvre, mandiant, patient & homme de bien,
malade, famelique, couché à fa porte, ne demandant
que du pain, & pouvant être fecouru fi facilement,
montra par une telle inhumanité qu'il n'avoit jamais
fecouru aucun pauvre, ny même fenti aucun mouvement de charité. Pour comble de defolation, il étoit
regardé comme un pécheur, car dans l'efprit des
Juifs & des infideles, un homme paffoit pour criminel, dés-là qu'il étoit malheureux, ainfi qu'on peut
voir dans l'aveugle né, & dans faint Paul mordu par
un ferpent : *Solet enim hominum vulgus, ubi quos viderint
in fame, & perpetuo morbo, & extremis egentes malis, nec
opinionem de his habere bonam ; fed ex ipfa calamitate, æfti-
mare vitam, & omnino judicare illos ob malitiam fic affligi :*

ac dicere : *hic ſi Deo charus eſſet , nequaquam ipſum in ma-*
lis eſſe pateretur. Hoc & in Job , & in Paulo à vipera
percuſſo & in cæco nato , &c. Quelle impieté de ne pas
ſecourir un tel pauvre ! qu'il eſt rare d'en trouver
de ſemblables ! Je ne vois, diſoit ſaint Auguſtin ,
que des gens qui demandent l'aumône ; je ne vois
que des mandians ; je ne vois que des hôpitaux rem-
plis de malheureux : cependant je cherche un pauvre, & je n'en trouve point : *Quæramus pauperem ,*
quæramus quos abundare cernimus , & ſentimus : nonne pau- *Ser. 120. de*
temp.
peribus plena ſunt omnia ? & tamen inter omnia quæro pau-
perem. En effet , ſuivant la doctrine de ce Pere ſi
éclairé , avoir des richeſſes ou n'en avoir pas, ce n'eſt
point ce qui fait ſelon l'Evangile le riche ou le pauvre : ſaint Paul ne dit pas que ceux qui ſont riches
tombent dans le lacet du diable, mais ceux qui veulent devenir riches, *qui volunt divites fieri ,* blâmant
les cupiditez & non les facultez , *non facultates , ſed*
cupiditates. Saint Auguſtin avoit donc raiſon de dire,
que parmi ce grand nombre d'indigens qui demandent l'aumône , il cherchoit un pauvre , & qu'il n'en
trouvoit point ; Car quel eſt le pauvre qui ne con-
voite pas les richeſſes ? qui n'eſtime pas heureux ceux
qui les poſſedent ? qui ne recherche pas tous les
moyens imaginables pour en acquerir ? un tel mandiant eſt riche , & non pas pauvre : tout pauvre qu'il
ſe croit, il ſe verra enveloppé dans la condamnation du
Mauvais Riche , & exclus de la recompenſe du pauvre Lazare. Auſſi voyons-nous que le riche Abraham,
ne trouva pas ſon Paradis dans le ſein du pauvre La-
Z zzzzz ij

zare ; mais le pauvre Lazare dans le sein du riche
Abraham , parce que Abraham étoit plus pauvre au
milieu de ses richesses , que le Lazare au milieu de sa
pauvreté. Le Lazare desiroit de remplir son ventre des
miettes de pain qui tomboient de la table du Riche,
*cupiebat implere ventrem suum de micis quæ cadebant de mensâ
divitis.* C'étoit desirer peu de chose , il est vray , neanmoins c'étoit desirer quelque chose ; mais Abraham
ne desira jamais rien que de voir le jour du Seigneur,
exultavit ut videret diem meum , que de voir celuy qui
de riche , se devoit faire pauvre pour nous enrichir de

2. Cor. 8. 9. sa pauvreté : *Scitis enim gratiam Domini nostri Jesu-Christi,
quoniam propter vos egenus factus est , cùm esset dives , ut illius inopiâ vos divites essetis.* Que ne fera-t-il donc pas , s'é-
crie saint Augustin , quand il nous communiquera
ses richesses ? & quelles sont les richesses de celuy , de

S. Aug. in
i.f..l.78 ini. qui la pauvreté même nous enrichit ? *Quantas divitias
habet , ut de sua paupertate nos divites faceret ? quales nos fac-
turus est de divitiis suis , quos divites facit de paupertate suâ?*
Il est certain que l'exercice de la charité n'a jamais
apauvri personne : que l'homme misericordieux s'enrichit quand il donne , & que l'avare s'apauvrit quand
il refuse : mais quoy , plus on est riche , plus on est
dur , dit saint Augustin , *quantò elati sunt homines , tantò
avari sunt : & quantò in hoc sæculo majores , tantò plus amant
divitias.*

Au reste , l'exemple de ces deux hommes nous donne ; selon saint Gregoire , une instruction trop importante pour ne la pas mettre icy : C'est , dit ce Pere , que
comme il n'y a point de si méchant homme qui ne

faſſe en ce monde quelques bonnes œuvres que Dieu par ſa bonté ne manque pas de recompenſer ; d'où vient qu'il eſt écrit que le Mauvais Riche avoit receu des biens pendant ſa vie, *recepiſti bona in vita tua* : de même quelque vertueux que ſoit un homme ſur la terre, il n'eſt pas poſſible qu'il ne faſſe quelque faute, que Dieu ne manque pas non plus de purifier par le feu de la tribulation : ainſi qu'il pouvoit être arrivé à Lazare, *& Lazarus ſimiliter mala* : De cette ſorte l'un ayant été recompenſé du peu de bien qu'il avoit fait ſur la terre, ſouffroit dans l'enfer de purs tourmens ſans aucun mélange de conſolation : & l'autre ayant expié ſes péchez par les ſouffrances de ce monde, joüiſſoit en l'autre d'un bonheur pur ſans aucun mé- lange de peines, *mala Lazari purgavit ignis inopiæ, &* *bona divitis remuneravit fœlicitas tranſeuntis vitæ ; illum* *paupertas afflixit, & terſit, juſtum abundantia remuneravit,* *& repulit.* Tel eſt ſouvent le ſort des pécheurs qui ſont dans la proſperité, & des juſtes qui ſont dans l'adver- ſité, continuë ſaint Gregoire. L'Evangile ne parle pas de la mort ny de la ſepulture du Lazare, qui n'eu- rent aſſurément rien de remarquable ſelon le monde : peut-être même qu'on ne ſe donna pas la peine de l'inhumer, dit Saint Auguſtin : *dives ſepultus eſt, nam* *pauper fortè nec ſepultus* : Il étoit reſervé à ſa miſere de le rendre illuſtre dans la poſterité, & infiniment plus celebre par ſon indigence & par ſa patience, que ne l'a été le mauvais Riche par ſes délices, par ſa mag- nificence & par ſes pompeuſes obſeques. En effet le texte ſacré nous repreſente en peu de mots un parfait

Z zzzzz iij

Hom. 40.

Hom. 20. *de* *temp.*

modele de patience en la perfonne de ce Pauvre mandiant ; car nous ne lifons point qu'au milieu de tant de
maux il ait murmuré contre la providence ; ny qu'il
fe foit plaint de fon fort ; ny qu'il ait enviéle bonheur
du Riche ; ny qu'il ait importuné perfonne par fes de-
mandes , & par fes cris : on ne pouvoit luy reprocher
qu'il fût un vagabond, il n'étoit pas capable de fe lever de terre , *jacebat* ; ny qu'il fût un fainéant, il étoit
incapable de travail, *Ulceribus plenus* : ny qu'il convoi-
tât les richeffes d'autruy , il ne defiroit que les alimens
qu'on ne refufe pas aux chiens, *de micis quæ cadebant :*
ny qu'il fût un fourbe, fes maux étoient tous vifibles:
fon éloge ne fe tire pas de ce qu'il a fait , mais de ce
qu'il a fouffert ; non du recit pompeux de fes belles
actions , mais de celuy de fes nombreufes afflictions ;
les fouffrances patiemment endurées ont fauvé le Lazare ; les plaifirs défordonnément aimez ont perdu
le Mauvais Riche ; les haillons & la faim du Lazare
ont condamné fans autre langage , la pourpre & la
bonne chere du Mauvais Riche , & fon filence dans
le fein d'Abraham lorfque le Riche parloit de luy à
ce patriarche, découvre bien qu'il n'avoit pas été
moins éloigné de murmurer contre luy dans fa mifere , qu'il étoit incapable de vouloir luy infulter dans
fa gloire. L'évenement a fait voir, dit faint Chryfoftome , quel des deux étoit le veritable riche , ou
le veritable pauvre. *Breviter res commutatæ funt ; univer-*
fi cognoverunt uter fuerit dives , uter pauper ; quodque Laza-
rus quidem omnium fuerit opulentiffimus , dives contra, omnium
pauperrimus. Celuy-là fut riche pour un temps, & il fe-

ra pauvre à jamais ; le Lazare fut pauvre pour un temps
& fera riche pour toûjours. Quel changement ! le Riche ne regardoit pas le Lazare quand il étoit prés de
luy, & il l'invoqua quand il fut loin de luy ; *cùm pro-* *s. Chryf.*
ximus effet Lazarus, præteribat dives : nunc cùm longè eft, in-
vocat. Il étoit d'ailleurs à propos qu'ils fe viffent tous
deux dans ces états fi differens, afin que le Riche fouf-
frît à fon tour dans l'enfer ce qu'il avoit vû fouffrir
au Lazare fur la terre, *ut quæ paffus fuiffet pauper, hæc*
nunc & dives pateretur. Car comme les fouffrances de
Lazare augmentoient quand il voyoit le Riche dans
la profperité, les tourmens du Riche s'accrurent
quand il vit le Lazare dans les délices : *Quemadmodum*
enim Lazaro moleftiorem reddidit cruciatum, quod in veftibu-
lo divitis jacebat, & quod videret aliena commoda : fic &
huic graviorem reddidit cruciatum, quod in gehenna jaceret,
& quod videret Lazari delicias : La providence avoit envoyé au Mauvais Riche une occafion de fe procurer
le falut en affiftant le pauvre Lazare étendu à fa porte ; *mifi tibi in veftibulo Lazarum, ut tibi ad virtutem doc-*
tor effet : il méprifa cette bonne occafion de gagner le
Ciel, *noluifti uti falutis occafione :* Il faut maintenant que
la vuë du Lazare comblé de joye ferve à rendre plus
malheureux le Mauvais Riche dans l'enfer : *Utere poft*
hæc illo ad majoris cruciatus fuppliciique materiam. Appre-
nons de là cette importante verité, continuë faint
Chryfoftome, que ceux que nous aurons perfecutez,
affligez, contriftez en ce monde, nous feront repre-
fentez en l'autre pour fervir à nôtre plus grande condamnation : *ex his difcimus quod omnes qui à nobis funt con-*

tumeliis & injuriis affecti, tunc ante faciem nostram statuentur.
C'eſt pourquoy le Mauvais Riche n'oſa pas s'adreſſer
directement au Lazare pour luy demander du ſecours,
craignant que le Lazare ne luy fit des reproches de la
dureté dont il avoit uſé envers luy ſur la terre, il s'a-
dreſſa à Abraham qu'il crût pouvoir ignorer ſa mau-
vaiſe conduite : *Quamobrem non ad ipſum Lazarum di-*
rexit ſermonem dives ; pudor obſtabat ac verecundia : ex iis
enim quæ in ipſum fecerat, arbitrabatur illum omnino memi-
niſſe malorum præteritorum, quoniam ſi ego, inquit, tanta
rerum affluens copia, nihil ab illo læſus, adeo deſpexi hominem
ut ne micas quidem impertierim, quanto magis ille ſic contemp-
tus, non annuet petenti beneficium? non eo animo fuit Laza-
rus, abſit, ſed cauſam judicamus quid hic veritus non implora-
vit ipſum Lazarum, ſed potiùs Abraham inclamavit, quem
exiſtimabat neſcire quæ fuerant facta. Abraham plein de
cette charité conſommée qui regne dans les Cieux,
ne luy répondit point d'une maniere dure, il ne luy
fit aucun reproche, il ne luy dit point : inhumain,
cruel, ſcelerat, aprés avoir traitté vôtre frere comme
vous avez fait, c'eſt bien à vous à nous prêcher la miſericorde & la pieté : *Non dixit, inhumane crudelis, ſce-*
leratiſſime, cùm tam multa commiſeris in hominem, nunc men-
tionem nobis facis humanitatis, miſericordiæ, & veniæ :
Il ne luy dit rien de ſemblable, il n'inſulta point à
ſes malheurs, aucontraire il l'appella du nom de fils,
fili memorare ; & le convainquit que s'il ne luy envoyoit
pas le Lazare, c'étoit, non par aucun reſſentiment, mais
parce que la choſe n'étoit pas poſſible. *Ut qui volunt*
hinc tranſire ad vos non poſſint. Le Lazare de ſon côté ne

dit

dit rien au Mauvais Riche qui parloit de luy , parce
qu'il ne pouvoit luy accorder ce qu'il demandoit, &
qu'il ne vouloit pas le refuser ; le Riche vouloit que le
Lazare vint rafraîchir sa langue, qu'il ressuscitât, &
qu'il allât convertir ses freres , toutes choses qui ne
pouvoient se faire ; mais sur lesquelles le Lazare aima mieux garder le silence, que d'user d'un refus.
Au reste le Seigneur se hâta d'ôter le Lazare de devant les yeux du mauvais Riche , parce qu'il ne meri-
toit pas de le voir plus long temps : d'ailleurs la providence voulut tenter si la vie du Lazare n'ayant pû toû-
cher de compassion le Mauvais Riche , sa mort ne luy
inspireroit point du regret ou du remords de ne l'avoir
pas assisté pendant sa vie, & si elle ne luy seroit point
une leçon de la commune condition des hommes :
Mais helas ! tout cela fut inutile. Peut-on voir un
cœur plus endurci, plus inaccessible à la pitié, plus fermé
aux lumieres du Ciel, plus abîmé dans les voluptez sen-
suelles ? Ne croyez donc pas, Chrêtiens affligez , que
vous étes rejettez de Dieu, parce que vous étes dé-
laissez des hommes ; ne croyez pas, riches de la terre ,
que vous soyez aimez de Dieu , parce que vous étes
favorisez d'une prosperité temporelle. Le sein d'Abraham fut ouvert au Lazare, parce que la porte du Mauvais Riche luy avoit été fermée, & les Anges le por-
terent dans le sein d'Abraham, parce que sa foy vive
parmy ses souffrances, l'avoit uni à ce Patriarche, &
l'avoit rendu heritier du repos promis aux enfans de
ce Pere des fideles. Ainsi tandis que les hommes portoient le Mauvais riche en terre, les Anges portoient

A aaaaaa

le Lazare dans le Paradis. Le beau convoy, les mag-
nifiques obſeques, ou plûtôt l'heureuſe vie qu'il alla
commencer dans le Ciel, tandis que le Mauvais Riche alla commencer une ſeconde mort dans l'enfer!
Le pauvre Lazare ne fut couvert ſur la terre que de vils
haillons, mais dans le ſein d'Abraham, il fut revê-
tu de gloire: Le Mauvais Riche fut ſur la terre brillant
de pourpre; mais dans l'enfer il fut envelopé de flammes: qu'on ne diſe donc pas aprés un tel exemple, que
le luxe des habits n'eſt pas un péché : *Sunt nonnulli qui*
cultum pretioſarum veſtium non putant eſſe peccatum ; puiſque
ſi cela n'en étoit un, l'Evangile n'auroit pas ſi exacte-
ment marqué que celuy qui ſur la terre ſe revêtoit de
pourpre, étoit environné de flammes dans l'enfer :
quod ſi videlicet culpa non eſſet, nequaquam ſermo Dei tam
vigilanter exprimeret, quòd dives qui torquebatur apud infe-
ros, byſſo & purpurâ induebatur. Tout cecy eſt de ſaint
Gregoire.

Le Riche avoit laiſſé le Lazare couché dehors, ex-
poſé au froid & au chaud, à la pluye & au ſoleil, aux
rigueurs des ſaiſons, & aut intemperies de l'air,
à la ſechereſſe du jour, & à l'humidité de la nuit,
ſans daigner luy offrir le couvert : il le voit admis
dans le ſein d'Abraham, dont la vie avoit été un
exercice édifiant de charité, & d'hoſpitalité. *Hoſpi-*
talis erat Abraham, dit ſaint Chryſoſtome, *ut igi-*
tur redarguatur divitis inhoſpitalitas, propterea Lazarum
cum eo videt.

Quelques Saints Peres, ſuivis de divers Interpretes,
ont conjecturé que le Mauvais Riche outre ſa dureté

envers les pauvres étoit encore coupable de divers autres crimes, dont l'intemperance est ordinairement
la cause: étant certain que les richesses engendrent
l'orgueil : le luxe des habits, la vanité : la gourmandi-
se, l'impureté, les querelles, les homicides, les blas-
phemes, l'impieté , l'idolatrie, ainsi que toute l'E-
criture nous l'apprend : de plus, quand il n'y auroit
eû que sa vie sensuelle, ne suffisoit-elle pas? mais si
une semblable vie mole & voluptueuse, suffisoit à un
Juif, à qui les prosperitez temporelles étoient promi-
ses & permises , pour le perdre, que sera-t-elle à un
Chrêtien qui fait profession de renoncer aux plaisirs,
& de vivre dans la penitence? Il est impossible , dit
saint Jerôme, qu'on puisse être heureux en ce monde
& en l'autre, *nemo potest hîc gaudere cùm saeculo , & illic
regnare cum Christo.* Cependant saint Augustin &
saint Gregoire voyant que l'Evangile ne fait men-
tion que de son inhumanité , croyent que nous ne
devons pas aller chercher d'autres raisons de sa perte
que celle-là : *Si vis ergo audire crimen divitis , noli am-*　*Ser. 31. de*
pliùs quaerere quàm audis à veritate. Aprés cela ne peut-on　*Verb. Ap.*
pas dire qu'il siéoit mal au Riche de demander la
resurrection d'un mort , & des graces extraordinai-
res, ayant les Ecritures & les secours communs &
generaux qui suffisoient pour le salut; mais il retenoit
l'esprit des impies & des incredules, qui veulent toûjours des miracles & des prodiges.

Au reste leur mort fut aussi dissemblable que leur
vie, puisque encore une fois le Lazare fut porté par
les Anges dans le sein d'Abraham, c'est à dire dans

A aaaaaa ij

le repos des Saints, & que le Mauvais Riche fut en-
feveli dans l'enfer, c'eſt à dire dans le ſejour des reprouvez , *Lazarum in Abrahæ gremio, quaſi in quodam ſinu quietis , & ſanctitatis receſſu locavit*, dit ſaint Ambroi-
ſe ſur cet endroit: deux termes bien differens l'un de
l'autre, & qui demandent chacun ſon inſtruction :
Parlons aujourd'huy des peines éternelles à l'occaſion
de celuy que les joyes temporelles y precipiterent; ren-
dons-nous ſages aux dépens d'autruy;deſcendons dans
l'enfer pendant nôtre vie, de peur d'y deſcendre aprés
nôtre mort , *deſcendant in infernum viventes , ne deſcendant
morientes* : Allons en eſprit à la porte de ce ſejour
affreux , pour mieux apprendre ce qui s'y paſſe , &
revenons-en pour travailler à n'y tomber jamais :
*Ego dixi in dimidio dierum meorum , vadam ad portas in-
feri.*

PREMIERE CONSIDERATION.

Il eſt difficile de dire quel eſt le plus incomprehen-
ſible, où la malice du péché qui mérite les peines de
l'enfer, ou les peines de l'enfer qui puniſſent la malice
du péché ; mais ſi nous ne comprenons pas ce qui ne
ſerviroit ſouvent qu'à nourrir nôtre orgueil, nous ſen-
tons toûjours parfaitement bien, ce qui ſert à nous
contenir dans l'humilité : or comme dans le Paradis
on diſtingue l'eſſentiel de la gloire des Saints , d'avec
les heureux avantages qui l'accompagnent; ainſi dans
l'enfer on doit diſtinguer ce qui fait le fonds du malheur des réprouvez, d'avec les circonſtances doulou-

reuſes qui le ſuivent. Qui pourroit les compter ces di-
verſes douleurs, s'écrie le Prophete ? qui pourroit en
dire le nombre ? *Quis novit poteſtatem iræ tuæ, & præ ti-* Pſ. 89. 11.
more tuo iram tuam dinumerare ? Qui pourroit ſupputer
les treſors de la colere de Dieu ? qui pourroit racon-
ter cette multiplicité de tourmens que le mauvais Riche éprouvoit, *in hunc locum tormentorum ?* Commen-
çons par ceux que l'on peut regarder comme les circonſtances ou les commencemens du ſupplice qui les
ſuit, *initia dolorum hæc.*

I°. Premierement, *le Lieu*; helas ! c'eſt une priſon;
mais quelle priſon ? une priſon creuſée au centre de la
terre, toute entourée de roches vives, dont les murs
ne ſont pas moins épais que le demi diamettre de la
terre : Ah Dieu quelle peine de ſe voir renfermé dans
un cachot ſi profond, & ſans eſperance d'en ſortir jamais ! n'eſt ce pas de ce lieu dont parle le Prophete
quand il dit dans ſes lamentations en la perſonne d'un
réprouvé, que le Seigneur a conſtruit un mur à l'entour de luy, pour l'empêcher de ſortir : *circumædifi-* Jere. 3. 7.
cavit adverſum me ut non egrediar, qu'il en a fermé les
avenuës avec des pierres quarrées : *concluſit vias meas*
lapidibus quadris. Qu'il l'a confiné dans un lieu ſombre
ainſi qu'un mort dans un ſepulchre dont on ne parle-
ra plus, *in tenebroſis collocavit me, quaſi mortuos ſempiternos:*
qu'il l'a environné comme dans un cercle de murail-
les : qu'il a élevé des forts contre luy, & qu'il a fait
une circonvallation de rochers à l'entour de luy, pour
le tenir éternellement aſſiegé, *circumbabo quaſi ſpheram* Iſa. 29. 3.
in circuitu tuo : que les pécheurs ſeront renfermez ſous

A aaaaaa iij

la clef dans une priſon profonde, où on ſera ſeur de les
trouver toûjours : *Et congregabuntur in lacum , & clau-*
dentur ibi in carcere, & poſt dies multos viſitabuntur. N'eſt-ce
pas de ce lieu dont Jeſus-Chriſt parle quand il nous dit
de craindre cette priſon de laquelle il proteſte avec ſer-
ment qu'on ne ſortira jamais. *Ne judex tradat te miniſ-*
tro & in carcerem mittaris , amen dico tibi non exies inde.
Ne ſont-ce pas là ces lieux mêmes où Jeſus-Chriſt
deſcendit, pour nous empêcher d'y tomber ; *deſcendit*
ad inferos ? c'eſt à dire ces lieux ſouterrains, ces plus
baſſes parties du monde, *deſcendit in inferiores partes ter-*
ræ; ces limbes ſombres dans leſquels les ames des anciens Peres étoient détenuës, differens à la verité, mais
voiſins de la priſon des damnez, comme il parut aſſez par le dialogue d'Abraham, & du Mauvais Riche:
Elevans oculos ſuos vidit Abraham : doctrine ſi conſtante
& ſi autoriſée, qu'il n'eſt pas permis d'en douter ſelon ſaint Auguſtin : *Teneamus firmiſſimè quod fides habet*
fundatiſſima authoritate firmata , quia Chriſtus apud inferos
fuit. Tel fut le premier tourment du Mauvais Riche,
de ſe voir confiné dans un tel lieu, dans un ſi horrible cachot : *in hunc locum.*

    II°. Les tenebres ſont l'effet neceſſaire d'une priſon
ſi profonde , priſon ſans jour, ſans lumiere, ſans ouverture : infiniment éloignée du Ciel , d'où nous
viennent toutes les clartez. L'Ecriture nous dit que
les tenebres qui couvrent ces cavernes ſombres , ſont
épaiſſes juſqu'à être palpables : *Tenebræ & palpatio factæ*
ſunt ſuper ſpeluncas uſque in æternum. Que le pécheur ſera
confiné dans des lieux obſcurs comme les morts dans

des fepulchres éternels : *In tenebrofis collocavit me ficut* Lam. 3. 6.
mortuos fempiternos : qu'une demeure fouterraine fera
fon domicile fixe, & qu'il dreffera fon lit dans les tenebres : *Infernis domus mea eft, & in tenebris ftravi lectulum* Job. 17. 13.
meum. Elle luy ordonne de faire penitence , & de ré-
pandre des larmes, *ut plangam paululùm dolorem meum,* de Job. 10. 21.
peur qu'il n'aille en cette terre tenebreufe , couverte de
l'ombre de la mort, *antequam vadam ad terram tenebrofam,*
& opertam mortis caligine, dans ce fejour de mifere &
d'horreur où le defordre & la confufion fe trouveront
à jamais. *Terram miferiæ & tenebrarum, ubi nullus ordo, fed* Pf. 48. 10.
fempiternus horror inhabitat. De peur qu'il n'entre dans
le trifte climat des réprouvez , & qu'aucune aurore
ne fe leve plus fur luy : *Introibit ufque in progenies patrum*
fuorum , & ufque in æternum non videbis lumen. De peur
qu'il ne paffe de la mort d'une trompeufe vanité, dans
la nuit d'une malheureufe éternité, dit faint Auguftin.
A tenebris fomniorum excipient eum tenebris tormentorum. Le
Sage parlant des Egyptiens dit qu'ils furent envelo-
pez de tenebres horribles, épaiffes, palpables , inévi-
tables, que toute leur terre devint comme un cachot
obfcur & affreux; que cette longue nuit ne fut éclai-
rée d'aucune clarté , le feu ayant perdu pour eux fa
lueur , & les aftres leur lumiere ; qu'à caufe qu'ils
avoient pretendu cacher aux yeux de Dieu leurs abo-
minations fecretes, & qu'ils s'étoient perfuadez que
la nuit ferviroit de voile à leurs crimes , leur aveuglement interieur fut puni par un aveuglement exterieur, qui les remplit d'horreur, d'épouvente & d'ef-
froy : cependant le Sage affure que cette effroyable

obscurité, quelque horrible qu'elle parût, n'étoit qu'un leger crayon de cette nuit éternelle dans laquelle ils alloient être ensevelis , *gravis nox , imago tenebrarum quæ superventura illis erat.* Jesus-Christ dit toûjours à ce sujet que les réprouvez seront jettez dans les tenebres: *mittite in tenebras* ; & l'Eglise quand elle prie pour les fidelles moribons , demande pour eux au Seigneur , qu'ils ne tombent pas dans le lieu obscur, *ne cadant in obscurum* , qu'ils n'éprouvent point l'horreur des sombres cachots , *Ignores omne quod horret in tenebris* : & que la lumiere éternelle vienne les éclairer : *Lux perpetua luceat eis.*

III°. Les liens sont un autre tourment des réprouvez : Le juste juge ordonnera qu'ils en soient chargez, sans doute pour avoir abusé de leur liberté, & qu'ils soient jettez pieds & poings liez dans les tenebres : *Ligatis manibus & pedibus ejus, mittite in tenebras* ; les pieds pour montrer que les coupables ne pourront s'enfuir : les mains, pour faire voir qu'ils ne pourront se deffendre : tout le corps accablé de fers, selon cette parole du Prophete , *agravavit compedem meum.* C'est à dire dans une privation de tout changement, de tout mouvement , de toute action : Les démons, quoi que de purs esprits, ne seront pas exempts de cette peine , & l'Apôtre nous assure, qu'ils seront enchaînez par des liens aussi forts qu'invisibles , qui les mettront dans une impuissance entiere de toute action , & qui leur causeront une gêne assez grande pour punir leur malice, & pour dompter leur force ; mais , ô Dieu , quels liens épouventables, & de quelle étrange comparaison paraifon fe fert l'Apôtre pour nous le faire entendre? *Rudentibus inferni detractos in tartarum tradidit cruciandos.* 2. Pe. 2. 4. Liens femblables fpirituellement à ces cables énormes dont on retient les grands vaiffeaux contre les efforts de la mer irritée. De fi pefantes chaînes rendront les ré- prouvez immobiles , fuivant cette imprecation du Cantique; *fiant immobiles quafi lapis.* Enfin le Juge mê- Ex. 15. 16. me nous affure qu'on liera les réprouvez enfemble comme on lie des faiffeaux de zizanie pour être jettez au feu ; c'eft à dire qu'on affoffiera enfemble les avares avec les avares, les orgueilleux avec les orgueilleux, les impudiques avec les impudiques, afin qu'ayant été complices des mêmes crimes, ils foient compagnons des mêmes fupplices : *colligite zizania & alligate ea in* Mat. 13. 30. *fafciculos ad comburendum.*

IV°. La focieté qu'on aura dans ce trifte lieu ne fera pas un des moindres tourmens , puifque l'enfer eft le rendez-vous & l'affemblée de tous les plus méchans hommes du monde. Quel fupplice de fe voir dans une telle compagnie ! d'être fans ceffe avec ce qu'il y a eu de plus déteftable & de plus corrompu dans le genre humain, dépuis la création de l'Univers jufqu'à la fin des fiecles : de fe voir avec tous les fcelerats, les impies , les idolâtres , les blafphemateurs , les meur- triers , les homicides , les parricides , les empoifon- neurs, les voleurs, les impudiques, les fornicateurs , les adulteres , les forciers , les magiciens : d'entendre perpetuellement leurs cris , leurs clameurs , leurs me- naces , leurs regrets, leurs emportemens , leurs blaf- phemes , leurs imprecations, leurs maledictions : car

B bbbbbb

c'eſt là où les paſſions ſe trouvent dans le ſouverain dégré : d'être avec des gens pleins de haine les uns contre les autres , qui voudroient s'entre-déchirer , & s'entre-détruire, & cela ſans rélâche, & ſans diſcontinuation. Mais que ſera-ce de ſe voir avec les diables pendant une éternité , d'être effrayé de leur preſence & tourmenté de leur fureur, de ſouffrir leurs perſecutions & leur ferocité ; car enfin ils ſont les Miniſtres de la Juſtice Divine pour la punition des pécheurs ? Lucifer ce premier des Anges apoſtats eſt le Roy des Diables, & le chef des réprouvez , ſur leſquels il exerce une inſupportable tyrannie, la haine implacable de ces eſprits mal-faiſans contre le genre humain ne ſe peut décrire : qui pourra ſoutenir leur laideur affreuſe, leur mine menaçante, leur figure hideuſe, & monſtrueuſe , les divers genres de ſupplices dont ils affligeront les hommes ? ô vous qui oubliez le Seigneur , comprenez bien ces terribles veritez, *intelligite hæc qui obliviſcimini Deum* , & apprenez combien il eſt horrible de tomber entre les mains du Dieu vivant.

V°. Les larmes ſont encore un triſte effet du malheur des réprouvez , qui pleureront à jamais , & la perte qu'ils ont faite, & les maux qu'ils ſouffrent : Le Sauveur aſſure que l'enfer eſt le domicile des larmes, & des grincemens de dents , *ibi erit fletus & ſtridor dentium.* Le Prophete nous dit que les réprouvez pleurent ſans ceſſe dans les tenebres, *plorans ploravit in noĉte* , & que les larmes ne ceſſent de couler ſur leurs jouës : *& lacrymæ ejus in maxillis ejus* : Là les ſonpirs , les ſan-

glots, les hurlemens de tant de malheureux retentissent
de toutes parts : *præ contritione spiritus ululabitis.* Quel
sejour, quelle demeure? mais helas ! ils pleurent inu-
tilement , quand ils verseroient autant de larmes qu'il
en faudroit pour noyer tout l'univers , elles leur se-
roient inutiles , c'étoit en ce monde qu'il falloit pleurer, c'étoit sur la terre qu'il falloit faire usage de cette parole de Jesus Christ : malheur à vous qui riez,
car vous pleurerez: *Væ vobis qui ridetis , quia plorabitis.*
Heureux ceux qui pleurent , car ils feront consolez :
Beati qui lugent, quoniam ipsi consolabuntur. Pleurons, pleurons icy, mes freres, disoit un pieux Solitaire mourant, pleurons, parce que les larmes de cette vie nous
lavent, & que celles de l'autre nous brûlent : *Plore-*
mus fratres , & producant oculi nostri lacrymas , antequam ea-
mus hinc , ubi lacrymæ nostræ corpora comburant. Saint Arfene auffi celebre dans la Cour des Empereurs, que
dans les deferts de la Thebaïde , travaillant de fes
mains à faire de la nate , avoit un morceau d'étofe
dans fon fein pour effuyer les larmes qui couloient
continuellement de fes yeux, *per omne tempus vitæ fuæ*
fedens & operans , pannum in fuo finu habebat , propter lacry-
mas defluentes ex oculis ejus : L'heure de fa mort venuë
il redoubla fes larmes , *dum ergò moreretur cœpit flere ,*
& les Solitaires prefens luy ayant demandé la caufe
de tant de pleurs, *& cùm fratres ejus requirerent dicentes,*
quid fles pater? il répondit : Helas ! c'eft que je crains,
& que j'ay toûjours craint l'heure redoutab'e où je
fuis , *in veritate timeo , & ipfe timor qui nunc in me eft ,*
femper in me fuit : Du moment qu'il eût rendu l'ame

un Abbé prefent s'écria: que vous étes heureux, ô
Arfene! d'avoir verfé tant de larmes, parce que ceux
qui ne pleurent pas en cette vie pleureront éternellement en l'autre: *Beatus es ô Arfeni! quia in hoc feculo plan-*
xifti, qui enim hîc non plangit, illic in perpetuum lugebit.

V I°. La puanteur extrême de ce malheureux lieu,
n'en fera pas une peine mediocre: L'enfer eft le cloa-
que du monde, & la fentine de l'Univers: les démons
qui font les boucs infernaux exhalent, & traînent aprés
eux cette horrible infection: le fouffre qui brûle dans
cet étang de feu, *ftagnum ardens igne & fulphure*, envoye
des vapeurs infupportables. Les cadavres des damnez, pour parler ainfi, ou leurs corps fur ces braziers
ardens, ne peuvent encore qu'accroître cette mauvai-
fe odeur: *De cadaveribus eorum afcendet fœtor*: Enfin
l'odorat doit être puni auffi-bien que les autres fens,
& les autres facultez corporelles & fpirituelles d'un
châtiment qui luy foit propre & convenable, fuivant
cette parole du Prophete, *& erit pro fuavi odore fœtor.*

Ah! combien ce pieux Solitaire étoit-il penetré de
la crainte d'un tel fupplice, lors qu'interrogé, d'où
vient qu'il gardoit de l'eau gâtée, laquelle infectoit
toute fa cellule, il répondit que c'étoit pour expier
les péchez qu'il avoit commis dans le monde, pour
avoir trop flâté fon odorat par les parfums exquis:
Pro thymiamate & odoribus unguentorum, quibus in feculo
ufus fum, opus eft uti me nunc fœtore ifto: & combien
le fort de faint Simeon Stilite étoit-il heureux, puis
qu'à fa mort une odeur infiniment fuave fortit de fon
corps tout décharné par la penitence, & fut regardée

comme un signe assuré de son bonheur éternel : *quasi odor multorum aromatum ascendebat de corpore ejus.*

V I I°. La faim & la soif seront de nouveaux supplices pour les réprouvez dans les enfers , & ils en souffriront les rigueurs dans toute leur étenduë. Le Mauvais Riche d'aujourd'huy pressé d'une ardeur brûlante demandoit une goute d'eau pour rafraichir sa langue, à celuy auquel il avoit refusé une miette de pain pour rassasier son estomac : car élevant ses yeux du milieu des tourmens , dit le texte sacré, il apperçut Araham comme dans un éloignement , & reconnut le Lazare dans le sein de ce bien-heureux Patriarche , *elevans autem oculos cùm esset in tormentis , vidit Abraham à longè & Lazarum in sinu ejus* : Et se mettant à crier , il dit : pere Abraham, ayez pitié de moy : *Et ipse clamans dixit : pater Abraham , miserere mei , &* envoyez moy le Lazare, afin qu'il mette l'extremité de son doit dans l'eau, & qu'il en rafraîchisse ma langue, parce que je grille dans cette flamme , *& mitte Lazarum ut intingat extremum digiti sui in aquam , ut refrigeret linguam meam , quia crucior in hac flamma.* Le Fils de Dieu ne l'a-t-il pas prédit dans l'Evangile , & nous doit-il arriver des maux dont nous ne soyons pas avertis ? n'a-t-il pas dit : Malheur à vous qui faites bonne chere, & qui rassasiez pleinement vos appetits, car vous souffrirez la faim à vôtre tour : *va vobis qui* *Luc. 6. 25.* *saturati estis , quia esurietis.* Le Prophete ne nous a-t-il pas annoncé que les réprouvez seront condamnez à une faim enragée , *& famem patientur ut canes ?* Le Sage n'a-t-il pas enseigné que les méchans , seront punis

B bbbbbb iij

des peines proportionnées & convenables à leurs crimes? *Per quæ quis peccat per hæc & torquetur :* Ils ont péché par la gourmandife, ils feront tourmentez par la famine, la plus dure des neceffitez, le plus preffant de tous les befoins, qui contraint la mere de manger fon enfant, & de remettre dans fon fein celuy qui ne venoit que d'en fortir : qui reduit l'homme à fe devorer luy-même, & à devenir fon propre fepulchre, avant fa mort, *priùs fepultus quàm mortuus.* Mais quoy, il ne fe trouvera aucun aliment pour appaifer l'ardeur de leurs entrailles affamées, devenuës elles-mêmes l'aliment d'un feu qui ne diminuëra jamais : il ne fe trouvera perfonne qui ne leur refufe la charité qu'ils ont refufé aux autres : ils ne fe raffafieront que de peines, ils ne fe défaltereront que du vin de la colere de Dieu. Heureux, heureux ceux qui jeûnent ; car ils feront raffafiez, *beati qui nunc efuritis, quia faturabimini.* Heureux celuy qui empêche que le pauvre ne jeûne, parce que le pauvre l'empêchera de jeûner ? heureux celuy qui fait affeoir à fa table le Lazare, parce que le Lazare le fera affeoir à la table du Seigneur.

VIII°. Le ver de confcience achevera de mettre le comble à tant de malheurs : mais il faut auparavant convenir que felon l'Ecriture interpretée par les faints Peres, & conformement à la doctrine d'un grand Pape, il y aura un double ver qui l'un & l'autre en leur maniere tourmenteront cruellement les réprouvez.

Premierement, un ver exterieur, & corporel qui rongera leur cœur & leur chair : Le Sauveur ne nous l'apprend-il pas dans l'Evangile, quand il nous dit trois fois de fuite, que fi nôtre œil, nôtre main, nôtre pied, nous fcandalife ; c'eſt à dire, fi ce qui nous eſt le plus agréable, le plus utile, le plus honorable, nous porte au pêché, s'il nous eſt une occafion de chute, qu'il vaut bien mieux le retrancher, & s'en feparer, que non pas d'être envoyé dans la gêne de ce feu qui ne s'éteint point, *quàm mitti in gehennam ignis* ^{Marc. 9. 49.} *inextinguibilis,* & d'être mis au nombre des damnez, de qui le ver ne meurt point, & de qui le feu ne s'éteint point, *ubi vermis eorum non moritur, & ignis non extinguitur.* Or il paroît qu'il prend le ver dans le même fens, que le feu, & par confequent qu'il faut entendre l'un & l'autre dans le fens naturel & litteral : Quel eſt le pécheur fi endurci qui ne tremblera d'une menace fi terrible & trois fois fi vivement inculquée tout de fuite par la bouche du Seigneur même, s'écrie faint Auguſtin, *quem non terreat iſta repetitio, & illius pœnæ* ^{De civ. l. 2 i,} *comminatio tam vehemens ore divino ?* Le Prophete Iſaye ^{9.} a menacé le prévaricateur des Loix de Dieu du même fupplice, & dans les mêmes termes : le ver qui les ronge ne mourra point, & le feu qui les brûle ne s'éteindra point : *videbunt cadavera eorum qui prævaricati funt* ^{Iſa. 66. 24.} *in me : vermis eorum non morietur, & ignis eorum non extinguetur.* Le Sage nous exhorte d'éviter le péché, par le fouvenir des rigueurs de la Juſtice Divine : fouvenez-vous de la colere du juſte Juge laquelle ne tardera pas, *memento itæ quoniam non tardabit :* Et que la confideration de ce ver, & de ce feu dont la chair criminelle de l'impie fera affligée, humilie vôtre efprit tout

orgueilleux qu'il foit, jufqu'au centre de la terre ;
*humilia valde Jpiritum tuum, quoniam vindicta carnis impii,
ignis & vermis.* Malheur, malheur, à cette nation re-
belle qui s'éleve contre le peuple de Dieu, s'écrie dans
un divin tranfport cette fainte & celebre veuve Ju-
dith, car le Tout-Puiffant fe vengera d'elle, il la vifi-
tera au jour de fon Jugement, & il répandra dans la
chair des pécheurs le feu & les vers, afin qu'ils brûlent, & qu'ils fe fentent déchirer éternellement : *Da-
bit enim ignem & vermes in carnes eorum, ut urantur & fen-
tiant ufque in fempiternum.* Saint Auguftin frapé de ces
expreffions eft entré dans le même fentiment, & il
interprete l'Ecriture en ce fens, reconnoiffant un ver
corporel auffi-bien qu'un feu réél, fondé fur ces mêmes paffages. (*Ignem & vermem*) *æftimo ad corpus utrumque pertinere... Legitur quippè & in veteribus fcripturis :
vindicta carnis impii, ignis & vermis : potuit brevius dici
vindicta impii : cur ergo dictum eft carnis impii, nifi quia
utrumque, id eft, & ignis & vermis, pœna erit carnis?* Je veux
mon cher frere, dit faint Bafile, quand la tentation
de pêcher vous prendra, que vous confideriez les tourmens de l'enfer : particulierement ce ver rongeur,
dont les morfures caufent des douleurs intolerables,
& répandent un venin mortel, qui mange fans ceffe
la chair d'un damné fans jamais s'en raffafier : qui la
devore toûjours, fans jamais s'en remplir : *Deinde vermium genus venenum immittens, ac carnem vorans, inexple-
biliter edens, neque unquam faturitatem fentiens, intolerabiles
dolores corrofione ipfa infigens.* Telle eft la doctrine & la
tradition de l'ancien & du nouveau peuple : de la
Syna-

Synagogue & de l'Eglife, des Peres Grecs, & des Peres Latins : Ah Dieu ! quel tourment, quelle douleur ?
porter un ver cruel dans fon fein, qui mord, qui dé-
chire, qui mache, qui ronge le cœur & la chair, fans
s'endormir jamais, fans mourir jamais, fans s'affou-
vir jamais, fans donner jamais ny paix, ny répos
au malheureux auquel il s'eft attaché, fur lequel il
s'eft une fois acharné :

Mais quel fera le ver interieur qui tourmentera
l'ame d'un damné ? le voicy tel que le Mauvais Riche
l'éprouvoit dans l'enfer.

Premierement le fouvenir du paffé l'affligeoit : *Fili
recordare quia recepifti bona in vita tua.* Le fouvenir des
graces perduës ; des moyens de falut negligez ; des
biens temporels & fpirituels diffipez ; des péchez
commis, & mille chofes femblables qui luy rouleront
fans ceffe dans l'efprit, luy cauferont un remords de
confcience infupportable : que ne fe dira-t'il point à
luy-même ? avoir offenfé un Dieu fi bon, fi miferi-
cordieux, fi liberal ? n'avoir payé fa charité que
d'ingratitude, de mépris, de trahifon ? m'être fouillé
dans une infinité de crimes honteux ? pour un moment avoir donné mon éternité ? pour un rien avoir
tout perdu ? J'ay pû & je n'ay pas fait, il n'a tenu
qu'à moy, & je n'ay pas voulu. Le Seigneur m'a ap-
pellé, & je ne luy ay pas répondu, il m'a tendu la
main, & je l'ay refufé. Ah ! qu'ai-je fait, en quel
abîme fuis-je tombé ? quelle vie déplorable n'ay je pas
mené fur la terre ? que ne puis-je recommencer ? que
ne puis-je retourner au monde ? inutiles regrets, pe-

nitence infructueufe, larmes fteriles , malheur irre-
parable ! felicité paſſée qui ne peus revenir , tourment
de ma penſée, que n'ay-je en te perdant perdu le ſou-
venir. Tels étoient les remords de conſcience d'An-
tiochus , qui vivant encore ſur terre commençoit à
ſentir les piqueures de ce ver rongeur qui devoit luy
cauſer un tourment éternel : *Nunc reminiſcor malorum*
quæ feci.

En ſecond lieu la vuë de la gloire perduë étoit une
autre morſure de ce ver interieur dans le Mauvais
Riche : levant les yeux en haut il vit Abraham , &
leLazare dans ſon ſein, joüiſſant de la gloire des Bien-
heureux : *Elevans autem oculos vidit Abraham à longè ,*
& Lazarum in ſinu ejus. Il vit dans l'abondance celuy
qu'il avoit vu dans la miſere, *fili recordare quia rece-*
piſti bona in vita tua , & Lazarus ſimiliter-mala , nunc au-
tem hic conſolatur , tu verò cruciaris : pour lors quelle triſteſſe profonde & noire n'abſorba pas ſon ame ! *Ani-*
mam rodi quodammodo verme mœroris , ainſi que l'exprime ſaint Auguſtin ? triſteſſe que cette vuë du Lazare
dans le ſein d'Abraham augmentoit infiniment :
car de même , dit ſaint Chryſoſtome, que Dieu ayant
chaſſé Adam hors du Paradis terreſtre, le plaça vis-à-
vis de ce jardin delicieux , afin que la vuë qu'il en auroit luy rendît plusſenſible la perte qu'il en avoit faite;
ainſi le Mauvais Riche voyant le Lazare dans le repos
des Saints , concevoit plus vivement quel étoit le bonheur qu'il avoit perdu , & qu'il eût pû ſe procurer en
ſecourant celuy qui ſi long-temps avoit gémi à ſa porte : *Et quemadmodùm Adamum è regione Paradiſi habitare*

jussit Deus, ut assiduus conspectus renovans molestiam, exac-
tiorem isti præberet sensum expulsionis è bonis : ita sanè & hunc
è regione Lazari constituit, quò videret quibus bonis se ipsum
privasset : Combien de fois s'écria t-il dans son déses-
poir, ô gloire éternelle ! ô Royaume sans fin ! ô he-
ritage celeste ! ô Paradis de volupté ! ô Cieux qu'étes-
vous devenus pour moy ! Telles seront les clameurs,
tels seront les regrets, telle la vive affliction des damnez dans l'enfer : *Talia dixerunt positi in inferno.* De
quels reproches sanglans leur conscience ne sera-t-el-
pas bourellée. Ils auront beau dire, treves jusques
au matin, treves pour un moment, le ver qui les
ronge ne s'endort point : *Vermis eorum non moritur : &* *Iob. 30. 17.*
qui me comedunt non dormiunt : Car, selon qu'observe
saint Gregoire, comme les vers sont des especes
d'insectes qui se remuent sans cesse, & qui sont dans
une inquietude continuelle, ainsi les pensées affligean-
tes du réprouvé, & les tours & retours qu'il fera sur
ses malheurs, luy seront un tourment perpetuel :
quia autem naturæ est vermium momentis singulis incessanter
moveri, non immeritò signatur nomine vermium inquietudo
cogitationum. De cette sorte, & le souvenir amer des
crimes commis, & la veuë affligante de la gloire
perduë, tourmentoient le Lazare, & formoient en
luy, comme dans tous les réprouvez, ce ver rongeur
qui ne mourra point : *Ad pœnam namque suam & co-*
gnitio, & memoria, dit saint Gregoire. Aprés cela n'allez pas dire que vous ne vous conduisez pas par la
crainte : Car, helas ! tres-souvent nous ne craignons
point, parce que nous ne croyons point : *Audivimus* *2. vers.*
Du. 5. 3. ...

C ccccc ij

quod valdè nos terruit, si fidem habemus, eos autem non ter-ruit, qui fidem non habent, s'écrie saint Augustin. Tels furent donc cette multitude de tourmens que le Mauvais Riche disoit souffrir dans les enfers ; la prison, les liens, les tenebres, la compagnie des démons & des réprouvez, la faim, la soif, la puanteur, le ver de conscience : *In hunc locum tormentorum.*

SECONDE CONSIDERATION.

Toutes ces grandes & nombreuses peines destinées aux réprouvez deviennent bien plus terribles & plus intolerables, si l'on fait attention à celles qui sont portées par la sentence que le Juge suprême prononcera luy-même contre eux, & que l'Evangile nous assure devoir être, en ces termes : Allez maudits au feu éternel qui est préparé au Diable & à ses Anges ; car il faut y remarquer quatre choses : 1°. La peine du dam, *pœna damni.* 2°. La peine du sens, *pœna sensus* : Deux expressions anciennes, qui loin de devoir être rejettées, sont essentielles icy : En effet, comme dans le péché on trouve deux mouvemens differens, l'un d'aversion du Créateur, l'autre de conversion à la créature, aussi convient-il que le péché soit puni d'une double peine, l'une qui réponde à cette premiere difformité d'aversion du Createur, *aversio ab incommutabili bono* : & c'est la peine du dam, *pœna damni* ; l'autre qui réponde à cette seconde difformité de conversion à la créature, *conversio ad commutabile bonum*, & c'est la peine du sens, *pœna sen-*

sus : 3°. La peine de l'Eternité : 4°. La peine du dé-
sespoir. Ces quatre sortes de peines sont renfermées
dans la sentence du juste Juge : car en disant aux réprouvez allez, retirez-vous de moy, maudits : *Ite ,
discedite à me maledicti* , il fait sentir la peine du dam :
en ajoutant, allez au feu, *in ignem*, il exprime quelle
sera la peine du sens : par le mot éternel , allez au
feu éternel, *in ignem æternnm*, il marque l'éternité de
ces peines : enfin de ces trois peines naîtra necessaire-
ment le desespoir. L'Evangile nous découvre ces quatre sortes de peines dans le Mauvais Riche ; car son
éloignement & sa separation du sein d'Abraham
marque la peine du dam : *vidit à longè Abraham.* Ses
tourmens dans le feu , marquent la peine du sens ,
crucior in hac flamma : ce cahos insurmontable entre
luy & le Paradis, marque l'Eternité de ses peines :
Chaos magnum firmatum est inter vos & nos : & enfin le
refus de tout soulagement devoit produire en luy le
desespoir : *non possunt transire.* Examinons ces quatre
especes de supplices.

I°. La peine du dam , consiste en ce que l'ame
convaincuë au Jugement de Dieu d'avoir renoncé
au souverain bien, pour s'attacher au bien créé ,
se verra privée pour jamais de tout bien , tant de
celuy qu'elle a rejetté, que de celuy qu'elle a choisi,
& malgré le poids immense imprimé dans le fond
de son être, malgré son inclination violente & im-
petueuse vers ce qu'on appelle bien , elle n'aura plus
de bien à aimer : mais quoy , elle a abandonné le bien
incréé , & le bien créé l'a abandonnée : quel tour-

C cccccc iij

ment de vouloir toûjours, ce qu'elle n'aura jamais :
& de ne jamais vouloir ce qu'elle aura toûjours ! d'a-
voir facrifié le bien veritable pour le bien apparent,
& de n'avoir ny le bien apparent, ny le bien veritable : d'avoir un amour ardent pour le bien, & de
ne pouvoir s'unir au bien ; de s'élancer toûjours, &
d'être toûjours repouffée ; de ne pouvoir détruire fon
penchant, & de ne pouvoir le fatisfaire ; de vouloir toûjours, & ne pouvoir jamais ; de ne pouvoir
ny ceffer de vouloir, ny commencer de pouvoir ;
d'être en proye à deux mouvemens fi contraires,
& de fe voir déchirer par eux fans pouvoir fe livrer
à aucun d'eux. Ah ! que ne peut-elle ou ceffer d'aimer le bien, ou commencer de le poffeder ! que ne
peut-elle, ou poffeder le bien qu'elle aime, ou n'aimer plus le bien qu'elle ne peut poffeder ! la peine
du dam, emporte donc avec elle une privation dou-
loureufe & totale du fouverain bien, & de tous
biens créez, de la nature, de la grace & de la gloire. De la Nature, c'eft à dire des Cieux, des Aftres,
du Soleil, du Firmament, de l'air, de la terre, de
la mer, des diverfes faifons & de tout ce que con-
tient l'Univers : des honneurs, des plaifirs, des
richeffes, des compagnies, des emplois, des digni-
tez, des converfations, des occupations, des fcien-
ces, des curiofitez, des divertiffemens, des jeux,
des feftins, de l'or, de l'argent, des meubles, des
équipages, en un mot le réprouvé n'aura jamais de
part, ny de relation à toutes les chofes du monde.
Il n'en aura pas non plus à tous les biens de la grace,

il n'aura jamais aucune bonne penſée, aucune inſ-
piration , aucune loüable inclination : plus de bons
exemples , de Livres Sacrez , de Predications, de
Sacremens , d'Egliſe , de Fêtes, de ſolemnitez ; plus
de foy , d'eſperance , de charité; plus de grace , de
religion , ny d'exercices de pitié , aucunes bonnes ha-
bitudes , aucune vertu : ny patience , ny humilité ,
ny oraiſon; enfin un dénuement entier, un abandon
abſolu , un délaiſſement incroyable , *quia vos non
populus meus.* Vous avez quitté Dieu , Dieu vous a
quitté , *ite diſcedite à me.* Aucune providence favorable, aucun ſecours d'enhaut , aucune protection des
Saints, de la tres-pure Vierge, des Anges Gardiens,
des Saints & Saintes du Paradis ; aucune part aux
prieres , aux ſuffrages , aux bonnes œuvres des fidelles : plus d'Egliſe, ny de ſocieté avec eux. Pour
les biens de la gloire , ils ſont perdus, il n'y en a
plus pour le réprouvé, ce Royaume à venir , cette
gloire éternelle , cette compagnie des Saints & des
Anges , cette viſion du Dieu vivant face à face ,
cette Jeruſalem celeſte, ce doux nom , cette qualité
glorieuſe d'enfant de Dieu, d'heritier de Dieu , de
coheritier de Jeſus-Chriſt , tout cela ſera perdu & le
réprouvé en ſera privé : plus de Dieu pour luy , plus
dé Paradis pour luy , plus de bonheur pour luy ;
les bienfaits de la création , de la vocation , de la
redemption , ſeront pour toûjours mis en oubli , &
il dira un adieu éternel à toutes ſortes de biens.
Qui jamais vid une telle déſolation ? un tel délaiſſement ? ô peine ſenſible qui avez rempli tant

de Monasteres, peuplé tant de deserts, obligé une Thaïs à se confiner dans un antre obscur, un Simeon Stilite à vivre sur une colonne, un saint Antoine à se retirer dans un sepulchre, une sainte Uranie à se charger de chaînes, un saint Hilarion à se vêtir d'un cilice affreux, un saint Arsene à pleurer toûjours, ne pourrez-vous rien sur nous !

II°. La peine du sens consistera particulierement au feu auquel les réprouvez seront condamnez : allez maudits au feu éternel qui est préparé au diable, & à ses Anges ; surquoy il est certain selon les expressions de l'Ecriture, & la doctrine de l'Eglise, que le feu de l'enfer est un feu réel, veritable, effectif.

I°. Cette verité est énoncée en termes exprés dans la sentence même que le souverain Juge prononcera solennellement contre les réprouvez, lors qu'assis dans son Tribunal, il leur dira : allez maudits au feu d'enfer. Or dans la condamnation d'un criminel la peine se prend à la lettre, & non en figure : d'ailleurs tous les termes du texte sacré, repetez en cent endroits, & en cent manieres differentes, nous inculquent si fortement cette terrible verité, qu'il ne nous est pas permis d'en douter : car nous lisons que c'est un feu : *ignis æternus*, une flamme, *crucior in hac flamma*, un brasier *caminus ignis*, des charbons allumez, *carbones desolatorii*, une fournaise terrible, *fornax magna*; un étang de feu & de soufre : *stagnum ardens igne & sulphure*, une fumée intolerable, *fumus tormentorum ejus ascendet in sæcula sæculorum*, une ardeur brûlante, *ardor sempiternus*, un incendie effroyable

froyable, *incendium.* Qui de vous, s'écrie le Prophete, qui de vous, ô hommes senſuels, qui de vous, ô femmes mondaines, pourra habiter dans ce feu dévorant ? qui de vous pourra demeurer dans ces flammes éternelles ? *Quis poterit habitare de vobis cum igne devorante,* Iſ. 33. 14 *quis habitavit ex vobis cum ardoribus ſempiternis ?*

En ſecond lieu, il n'eſt pas moins conſtant que ce feu brûlera également les eſprits & les corps, puiſqu'il eſt preparé pour la punition des Anges rebelles, auſſi bien que des hommes pécheurs : *Ite maledicti in ignem æternum qui paratus eſt diabolo & Angelis ejus :* Que l'ame du Mauvais Riche brûloit dans les flammes, *crucior in hac flamma :* Qu'à la fin du monde le diable ſera jetté dans un étang de feu & de ſoufre, où il ſera tourmenté avec la Bête & le faux Prophete dans tous les ſiecles des ſiecles : *Et diabolus qui ſeducebat eos miſſus* Apoc. 20. 9. *eſt in ſtagnum ignis & ſulphuris, ubi & Beſtia & pſeudo-Propheta cruciabuntur die ac nocte in ſæcula ſæculorum.* Il eſt encore aſſuré que ce feu ne s'éteindra jamais : *Paleas* Math 3. *autem comburet igni inextinguibili :* Qu'il brûlera les démons & les damnez dans toute l'Eternité, *in ſæcula ſæculorum, in ignem æternum :* Et que le ſoufre qui brûlera dans ce feu en augmentera la vivacité : *Pars illorum erit in ſtagno ardenti igne & ſulphure : ſi quis adorabit beſtiam cruciabitur igne & ſulphure.*

III°. L'éternité mettra le comble à tant de ſouffrances : *ite maledicti in ignem æternum.* En effet, les peines de cette vie ſont courtes ſi elles ſont violentes, ou elles ſont ſupportables, ſi elles ſont mediocres ; mais dans l'enfer les peines ſont exceſſives dans leur grandeur, &

D dddddd

interminables dans leur durée: *hic enim aut dolor vincit, &*
fenfum mors adimit : aut natura perdurens vincit , & dolorem
fanitas vincit : ibi autem & dolor permanet ut affligat , &
natura perdurat ut fentiat, dit faint Auguftin. L'Apôtre
nous enfeigne conformement à la droite raifon, & à la
bonne Philofophie , que nous ne pouvons concevoir
que les chofes temporelles qui par les fens viennent
à nous , & non les chofes éternelles, *quæ videntur tem-*
poralia funt , quæ autem non videntur æterna. Comment
donc fe former une idée jufte de cette durée perma-
nente , également infinie & incomprehenfible? quoy,
quand j'auray fouffert autant de fiécles qu'il y a de
grains de fable dans la mer, & d'atomes dans l'air ;
quand j'auray autant verfé de larmes qu'il en faudroit
pour fubmerger l'Univers , & pour parvenir jufqu'au
Firmament , ce fera toûjours à recommencer ? toûjours fouffrir , toûjours brûler, jamais de fin , jamais
de terme , jamais de foulagement. Ah! mes freres ,
s'écrie faint Bernard , fongeons à la durée du fupplice , avant que l'heure du fupplice arrive : fongeons
à l'éternité , avant que le temps finiffe : *ante fupplicium*
cogitemus de fupplicio , & ante æternitatem de æternitate. Son-
geons à ce moment auquel l'homme fortira de ce monde pour aller dans cette maifon d'où il ne fortira
plus , *in qua ibit homo in domum æternitatis fuæ.* Les autres menaces du Seigneur, quelque redoutables qu'elles paroiffent, ne font que des fléches qui paffent : *ete-*
nim fagittæ tuæ tranfeunt : Mais quand cette éternité femblable à un cercle qui n'a ny commencement ny fin ,
retentit à mes oreilles, c'eft un coup de tonnerre qui

2. Cor. 4.
18.

me renverfe : *vox tonitrui tui in rota.* En effet, qui ne feroit effrayé de la feule énumeration des peines éter-nelles de l'enfer? une prifon éternelle, des liens éter-nels, une focieté de diables & de damnez éternelle, des tenebres éternelles, des larmes éternelles, une puan-teur éternelle, une faim éternelle, une foif éternelle; un ver qui ne s'endort jamais, un feu qui ne s'éteint jamais, un incendie perpetuel, qui femblable à ce-luy de Babylone, s'éleve jufqu'à quarante-neuf cou-dées, & ne parvient jamais au nombre cinquantiéme de remiffion & d'indulgence. Et de là naît,

IV°. Un defefpoir enragé qui tranfporte les dam-nez : en ce monde l'efperance adoucit les plus gran-des douleurs, ou on en efpere du fruit, ou on en at-tend la fin : l'une ou l'autre de ces deux vuës dimi-nuë nos larmes; mais dans l'enfer rien de femblable. Le réprouvé fouffre toûjours, & ne tire aucune uti-lité de fes fouffrances : en cette vie les plus malheu-reux, quand ils font tombez en quelque grande ca-lamité, & que le defefpoir les prend, ils cherchent la mort pour terminer leurs maux : ils cherchent un précipice pour s'y jetter, une riviere profonde pour s'y noyer, un cordeau pour s'étrangler, du venin pour s'empoifonner : l'état du réprouvé ne permet pas ces funeftes remedes : Le même Arrêt qui le con-damne à fouffrir, le contraint de vivre : Les damnez cherchent la mort, & ne la trouvent pas : ils appellent la mort, & la mort s'enfuit : tranfportez hors d'eux-mêmes ils difent à ces énormes rochers qui les envi-ronnent au centre de la terre, ô Montagnes, vous n'é-

tes pas aſſez dures pour nous : Rochers, maſſes effroya-
bles qui nous environnez, de grace tombez ſur nous,
& nous écraſez, tuez-nous une fois : mais ces clameurs
ſont vaines, & les rochers ſont immobiles & ſourds.
L'homme homicide dira : Ah ! qu'on me donne le
poignard avec lequel j'ay répandu le ſang de mon en-
nemi, afin que je me coupe la gorge à moy-même,
& perſonne ne luy en donnera. La femme adultere
dira que ne me donne-t-on ce poiſon avec lequel j'ay
fait mourir cet infortuné mari, afin que je le boive à
mon tour moy-même, & perſonne ne le luy preſentera.
N'y a t-il point icy quelque ami qui me montre un précipice où je me puiſſe jetter & m'abîmer, s'écriera le
blaſphemateur? & perſonne ne paroîtra : que ne me donne-t-on des charbons ardens afin que je les avale, & que
je m'étoufe, & me ſuffoque, dira l'impudique, & que
j'expie ainſi le feu par le feu ? mais perſonne ne luy en
offrira. Que faire donc & à quoy ſe reſoudre? à quel remede recourir ? de quelque côté que ſe tourne un damné, il ne voit que des ſujets de deſeſpoir, des flammes
qui le brûlent, *crucior in hac flamma,* des Rochers qui ſont
ſourds, une priſon qui n'a aucune ouverture : il ſe
void oublié pour toûjours, abandonné pour toûjours :
de-là ces blaſphemes horribles : Pourquoy ſuis-je venu
au monde? pourquoy la mere qui m'a conçu ne m'a-
t-elle pas étoufé dans ſon ſein ? pourquoy la nourrice
inhumaine qui m'a reçu, ne m'a-t-elle pas refuſé ſes
mamelles? Supprimons le reſte, & demandons à Dieu
miſericorde.

F I N.